Impressum
Verlag: BABADADA GmbH, Nedderfeld 112 , 22529 Hamburg
Geschäftsführer / Verlagsleitung: Harald Hof
Druck: Books on Demand GmbH, In de Tarpen 42, 22848 Norderstedt

Imprint
Publisher: BABADADA GmbH, Nedderfeld 112 , 22529 Hamburg, Germany
Managing Director / Publishing direction: Harald Hof
Print: Books on Demand GmbH, In de Tarpen 42, 22848 Norderstedt, Germany

# училище

# de School

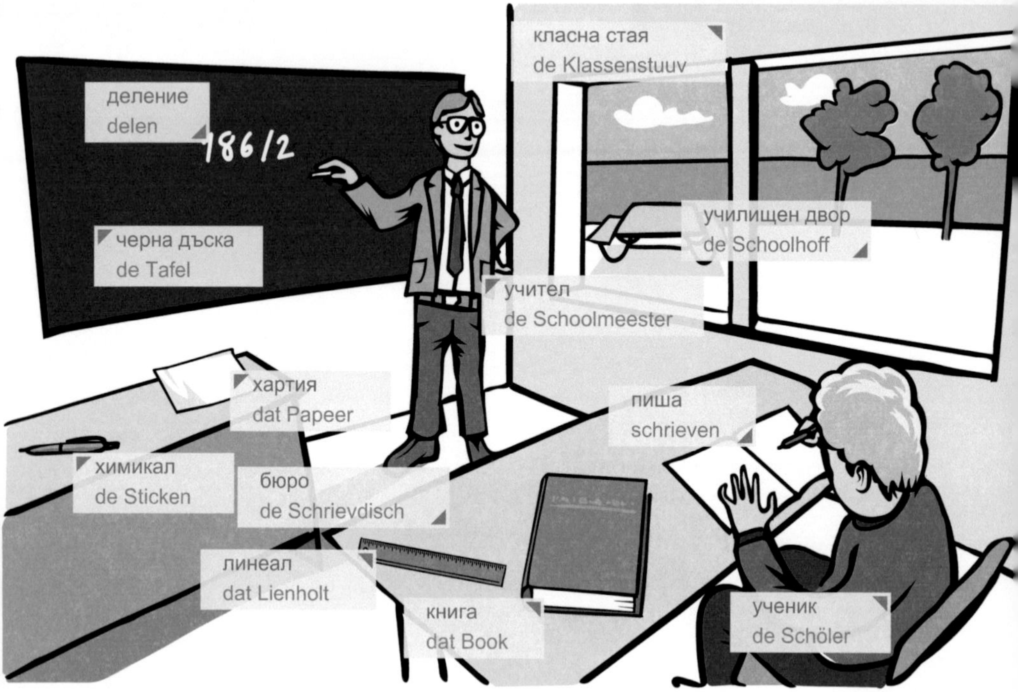
класна стая
de Klassenstuuv
деление
delen
186/2
черна дъска
de Tafel
училищен двор
de Schoolhoff
учител
de Schoolmeester
хартия
dat Papeer
пиша
schrieven
химикал
de Sticken
бюро
de Schrievdisch
линеал
dat Lienholt
книга
dat Book
ученик
de Schöler

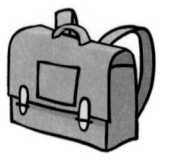

ученическа раница

de Ranzel

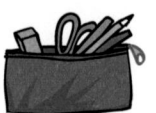

ученически несесер

de Feddermapp

молив

de Bleesticken

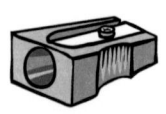

острилка за моливи

de Scharpmaker

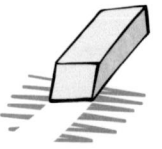

гума

dat Radeergummi

блок за рисуване

de Tekenblock

рисунка

de Teken

четка

de Pinsel

акварелни бои

de Malkassen

ножица

de Scheer

лепило

de Klever

тетрадка за упражнения

dat Heft to'n Öven

домашна работа

de Huusopgaav

число

de Tall

събиране

tohooptellen

изваждане

aftrecken

умножение

malnehmen

смятане

reken

буква

de Bookstaav

азбука

dat ABC

дума

dat Woort

текст

de Text

чета

lesen

тебешир

de Kried

час

de Stunn

дневник на класа

dat Klassenbook

изпит

de Pröven

свидетелство

dat Tüügnis

ученическа униформа

de Schooluniform

образование

de Utbillen

справочник

dat Nakieksel

университет

de Universität

микроскоп

dat Mikroskop

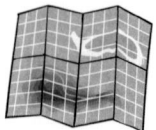

карта

de Koort

кошче за хартиени
отпадъци

de Papeerkorf

# пътуване
# de Törn

хотел
dat Hotel
Grand
хостел
de Harbarg
ROOMS
обменно бюро
de Wesselstuuv
куфар
de Kuffer
кола
dat Auto

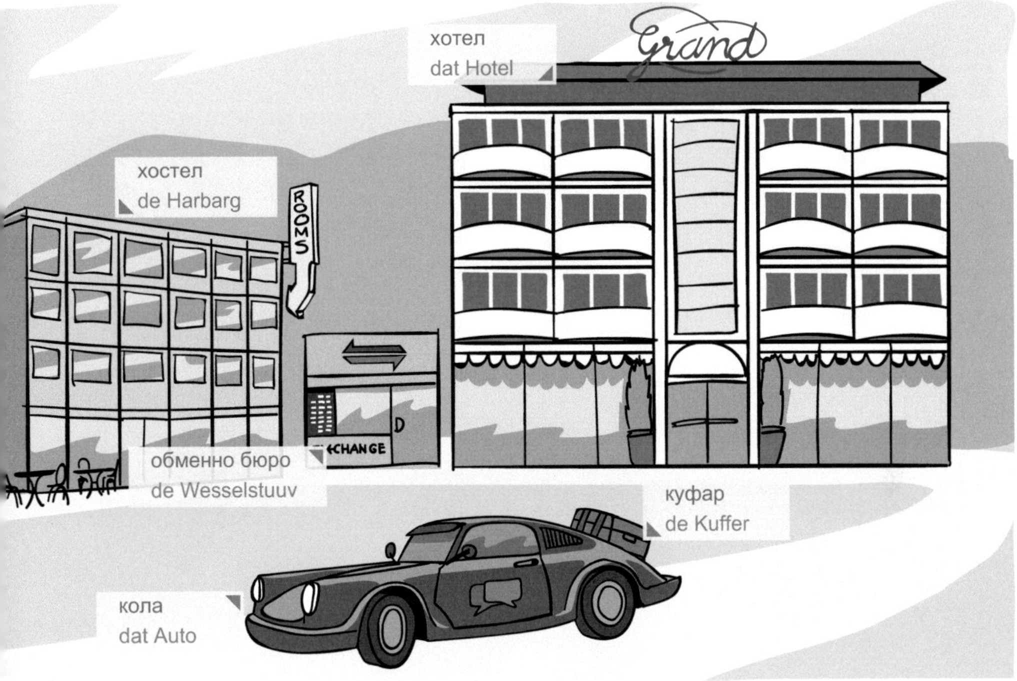

език

de Spraak

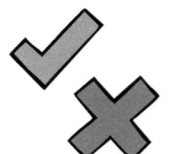

да / не

jo / ne

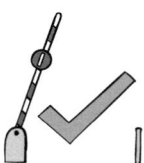

Окей

Jo

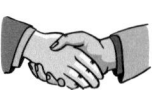

здравей

Moin

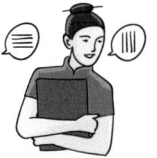

преводач

de Översetter

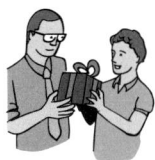

Благодаря

Dank ok

Колко струва…?

Wat kost…?

Не разбирам

Ik verstah nich

проблем

dat Problem

Добър вечер!

Goden Avend

Добро утро!

Moin!

Лека нощ!

Gode Nacht!

довиждане

Tschüüs

посока

de Richt

багаж

de Bagaasch

пътна чанта

de Tasch

раница

de Rüchsack

посетител

de Gast

стая

de Stuuv

спален чувал

de Slaapsack

палатка

dat Telt

ристическа информация

e Touristeninformatschoon

плаж

de Strand

кредитна карта

de Kreditkoort

закуска

dat Fröhstück

обед

dat Meddageten

вечеря

dat Avendeten

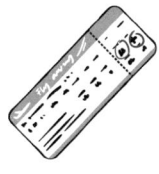

билет

de Fohrkort

асансьор

de Fohrstohl

пощенска марка

de Breefmark

граница

de Grenz

митница

de Toll

посолство

de Bottschop

виза

dat Visum

паспорт

de Pass

# транспорт
# de Transport

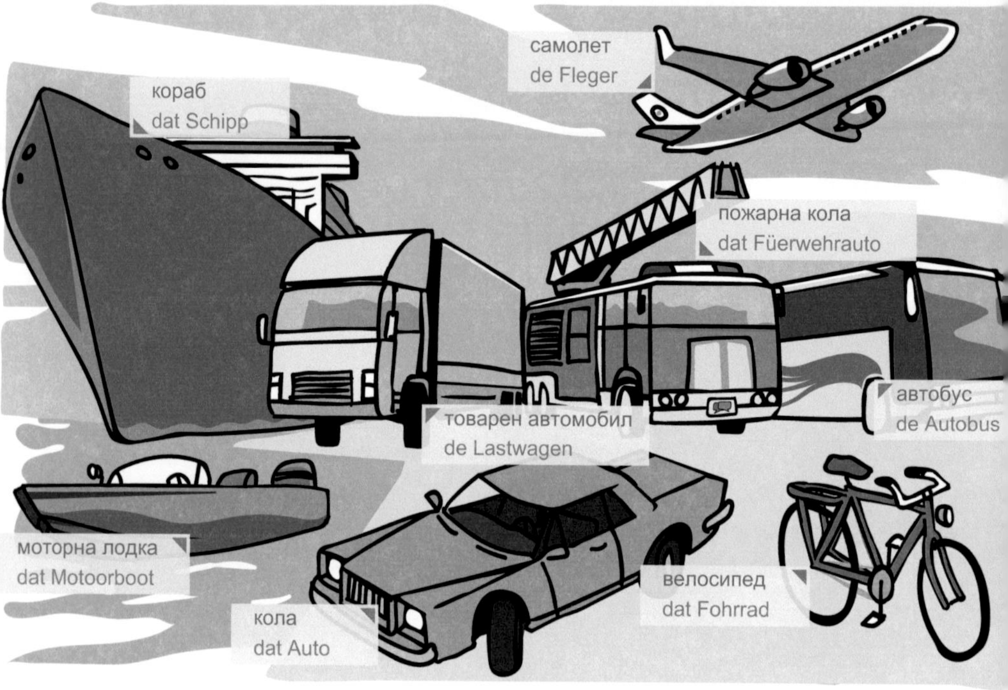
самолет
de Fleger
кораб
dat Schipp
пожарна кола
dat Füerwehrauto
автобус
de Autobus
товарен автомобил
de Lastwagen
моторна лодка
dat Motoorboot
велосипед
dat Fohrrad
кола
dat Auto

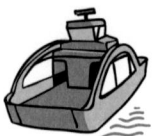

ферибот

de Fähr

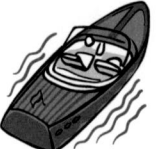

лодка

dat Boot

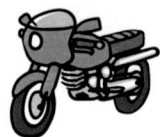

мотоциклет

dat Motoorrad

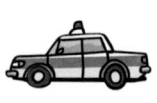

полицейска кола

dat Polizeiauto

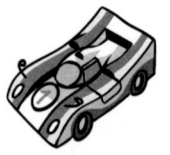

състезателна кола

dat Rönnauto

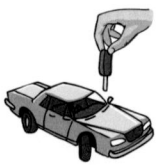

кола под наем

de Lehnwagen

каршеринг

dat Carsharing

автомобил от "Пътна помощ"

de Afsleepwagen

сметовоз

dat Müllauto

двигател

de Motoor

бензин

de Kraftstoff

бензиностанция

de Tanksteed

пътен знак

dat Verkehrsschild

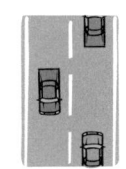

улично движение

de Verkehr

задръстване

de Stau

паркинг

de Afstellplatz

гара

de Bahnhoff

релси

de Sporen

влак

de Tog

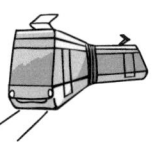

трамвай

de Stratenbahn

вагон

de Wagon

хеликоптер

de Dwarsmöhl

аерогара

de Flooghaven

кула

de Tower

пасажер

de Fohrgast

контейнер

de Grootkist

кашон

de Karton

ръчна количка

de Koor

кошница

de Korf

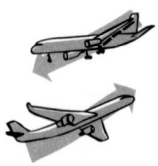

излитам / приземявам се

starten / lannen

# град
## de Stadt

село

dat Dörp

градски център

de Binnenstadt

къща

dat Huus

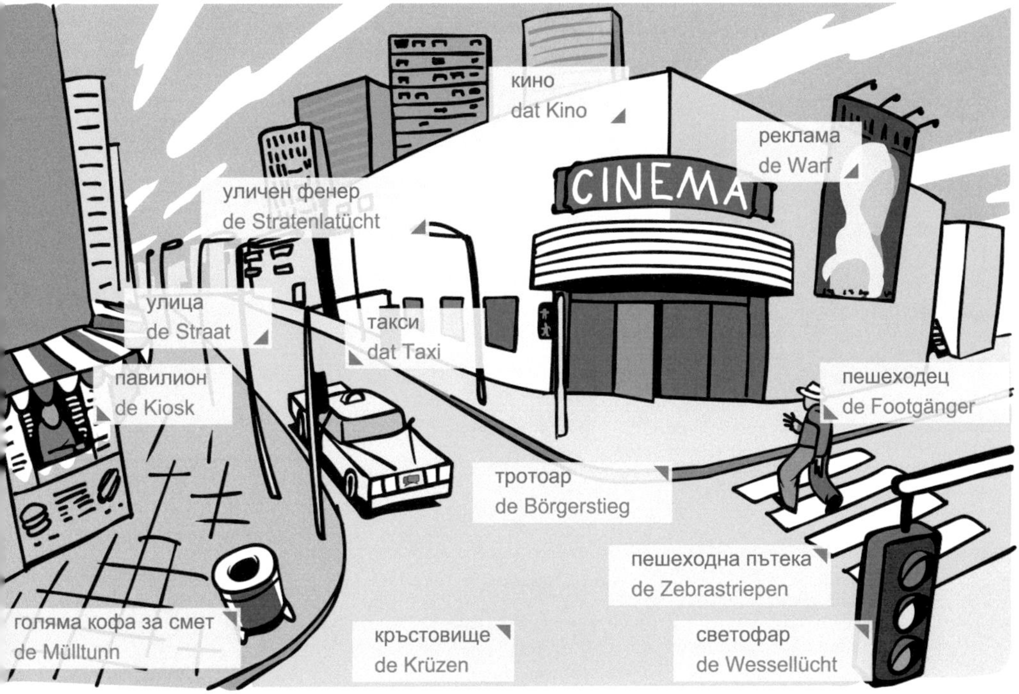

кино
dat Kino

реклама
de Warf

уличен фенер
de Stratenlatücht

CINEMA

улица
de Straat

такси
dat Taxi

павилион
de Kiosk

пешеходец
de Footgänger

тротоар
de Börgerstieg

пешеходна пътека
de Zebrastriepen

голяма кофа за смет
de Mülltunn

кръстовище
de Krüzen

светофар
de Wessellücht

хижа
de Hütt

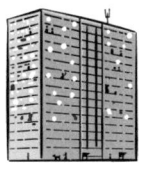

жилище
de Wahnung

гара
de Bahnhoff

кметство
dat Raathuus

музей
dat Museum

училище
de School

университет

de Universität

банка

de Bank

болница

dat Krankenhuus

хотел

dat Hotel

аптека

de Afteek

офис

dat Büro

книжарница

de Bookhökerie

магазин за цветя

de Hökerie

магазин за цветя

de Blomenhökerie

супермаркет

de Supermarkt

пазар

de Markt

универсален магазин

dat Koophuus

търговец на риба

de Fischhökerie

търговски център

dat Inkoopszentrum

пристанище

de Haven

парк

de Parkanlaag

пейка

de Bank

мост

de Brüch

стълба

de Trepp

метро

de Ünnergrundbahn

тунел

de Tunnel

автобусна спирка

de Busstoppsteed

бар

de Bar

ресторант

dat Spieslokal

пощенска кутия

de Breefkassen

улична табелка

dat Stratenschild

часовник за паркинг
престой

de Parkklock

зоологическа градина

de Deertenpark

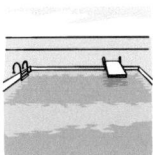

плувен басейн

de Baadanstalt

джамия

de Moschee

селски двор

de Buernhoff

замърсяване на околната среда

de Ümweltversmudden

гробище

de Karkhoff

църква

de Kark

детска площадка

de Speelplatz

храм

de Tempel

# пейзаж

# de Landschop

листо
dat Blatt

пътепоказател
de Wiespahl

път
de Weg

ливада
de Wisch

камък
de Steen

дърво
de Boom

пътешественик
de Wannerer

река
de Fluss

трева
dat Gras

цвете
de Bloom

долина

dat Daal

планина

de Barg

море

de See

гора

dat Holt

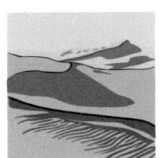

пустиня

de Wööst

вулкан

de Füerspien Barg

замък

dat Slott

дъга

de Regenbagen

гъба

de Poggenstohl

палма

de Palm

комар

de Steekmück

муха

de Fleeg

мравка

de Miegeemk

пчела

de Imm

паяк

de Spinn

бръмбар

de Sebber

жаба

de Pogg

катеричка

de Katteker

таралеж

de Swienegel

заек

de Haas

кукумявка

de Uul

птица

de Vagel

лебед

de Swaan

диво прасе

dat Wildswien

елен

de Hirsch

лос

de Elk

бент

de Staudamm

вятърна турбина

dat Windrad

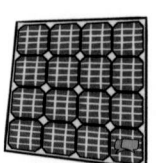

соларен модул

dat Solarmodul

климат

dat Klima

# ресторант

# dat Spieslokal

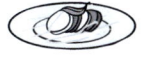

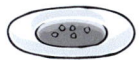

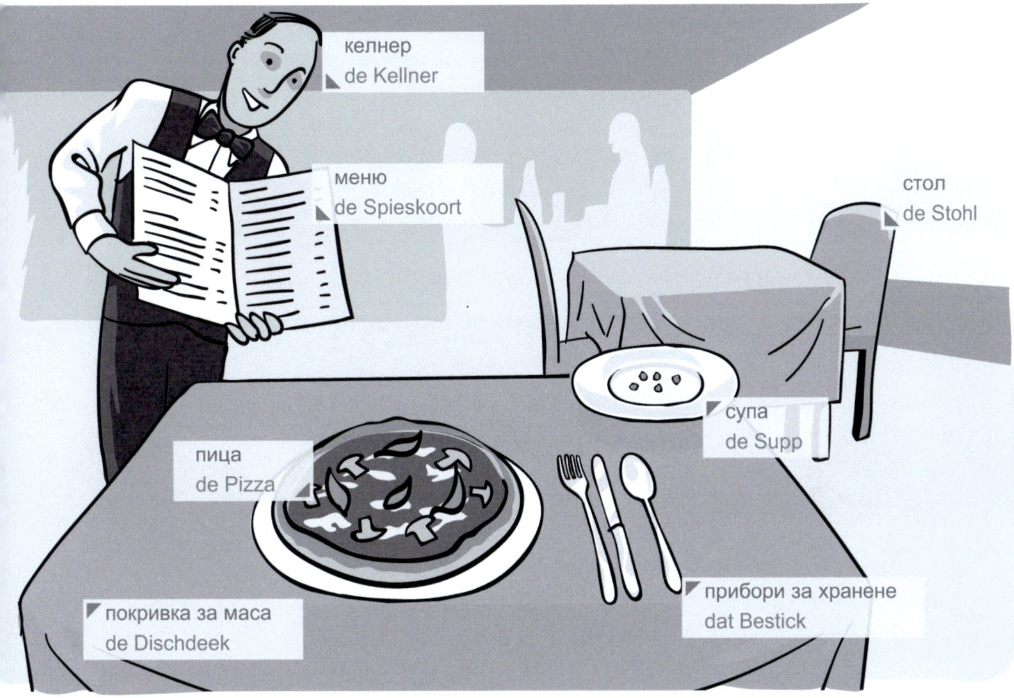
келнер
de Kellner
меню
de Spieskoort
стол
de Stohl
супа
de Supp
пица
de Pizza
прибори за хранене
dat Bestick
покривка за маса
de Dischdeek

предястие

de Vörspies

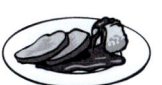

основно ястие

dat Haupteten

десерт

de Nadisch

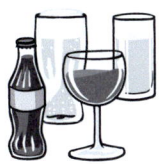

напитки

de Drünk

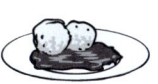

ядене

dat Eten

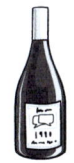

бутилка

de Buddel

бързо хранене

dat Fastfood

улична храна

dat Strateneten

кана за чай

de Teekann

кутия за захар

de Zuckerdoos

порция

de Portschoon

еспресо машина

de Espressomaschien

висок детски стол

de Hoochstohl

сметка

de Reken

табла

dat Tablett

ножица за нокти

dat Mess

вилица

de Gavel

лъжица

de Lepel

чаена лъжичка

de Teelepel

салфетка

dat Munddook

стъклена чаша

dat Glas

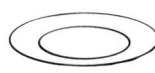

чиния

de Töller

чиния за супа

de Suppentöller

чинийка

de Ünnertass

сос

de Sooß

солница

de Soltstreuer

мелничка за черен пипер

de Pepermöhl

оцет

de Etig

олио

dat Ööl

подправки

de Krüder

кетчуп

de Ketchup

горчица

de Mostrich

майонеза

de Mayonnaise

# супермаркет
# de Supermarkt

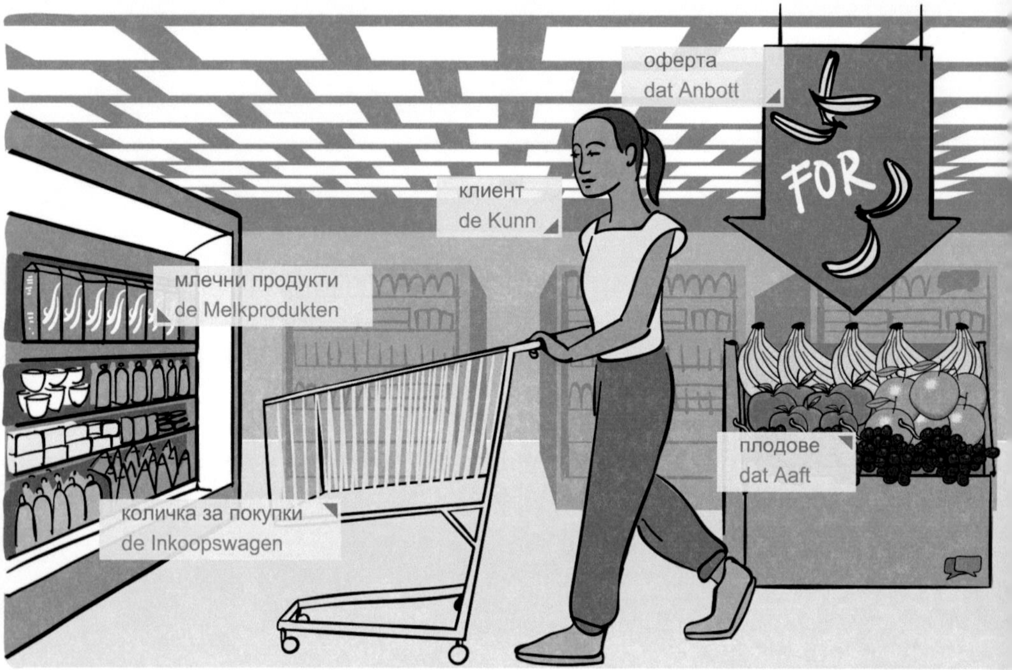

оферта
dat Anbott
FOR
клиент
de Kunn
млечни продукти
de Melkprodukten
плодове
dat Aaft
количка за покупки
de Inkoopswagen


BUTCHERS


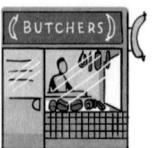

кланица

de Slachterie

BAKERY

хлебарница

de Bäckerie

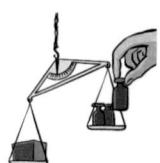

тегля

wegen

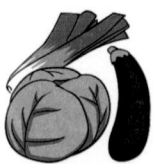

зеленчуци

de Gröönsaken

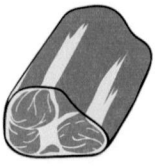

месо

dat Fleesch

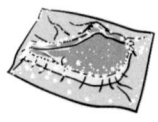

дълбоко замразена храна

de Deepköhlkost

нарязан колбас или
сирене
de Opsnitt

консерви
de Konserven

перилен препарат
de Waschmiddel

лакомства
de Snoopkraam

домакински изделия
de Huushooltssaken

почистващи препарати
de Reinmaaktüüch

продавачка
de Verköpersche

каса
de Kass

касиер
de Kasserer

списък на покупките
de Inkoopslist

работно време
de Opsparrtieden

портфейл
de Breeftasch

кредитна карта
de Kreditkoort

чанта
de Tasch

пластмасова торба
de Plastiktüüt

# de Drünk

вода

dat Water

сок

de Saft

мляко

de Melk

кола

de Cola

вино

de Wien

бира

dat Beer

алкохол

de Spriet

какао

de Kakao

чай

de Tee

кафе машина

de Koffie

еспресо

de Espresso

капучино

de Cappucino

банан

de Banaan

ябълка

de Appel

портокал

de Appelsien

пъпеш

de Meloon

лимон

de Zitroon

морков

de Wöttel

чесън

de Knuuvlook

бамбук

de Bambus

лук

de Zibbel

гъба

de Poggenstohl

ядки

de Nööt

макарони

de Nudeln

спагети

de Spaghetti

ориз

de Ries

салата

de Salat

пържени картофи

de Pommes frites

печени картофи

de Braadkantüffeln

пица

de Pizza

хамбургер

de Hamborger

сандвич

dat Sandwich

шницел

dat Snitzel

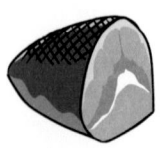

шунка

de Schinken

траен колбас

de Salami

салам

de Wust

пиле

dat Hohn

печено

de Braden

риба

de Fisch

овесени ядки

de Haverflocken

мюсли

dat Müsli

корнфлейкс

de Cornflakes

брашно

dat Mehl

кроасан

de Croissant

хлебчета

dat Rundstück

хляб

dat Broot

препечена филийка

dat Toast

бисквити

de Keksen

масло

de Botter

извара

de Quark

сладкиш

de Koken

яйце

dat Ei

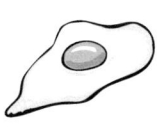

яйца на очи

dat Spegelei

сирене

de Kees

ядене - dat Eten

сладолед

de Ies

захар

de Zucker

мед

de Honnig

мармалад

de Marmelaad

нуга крем

de Nougat-Creme

къри

dat Curry

# селски двор

# de Buernhoff

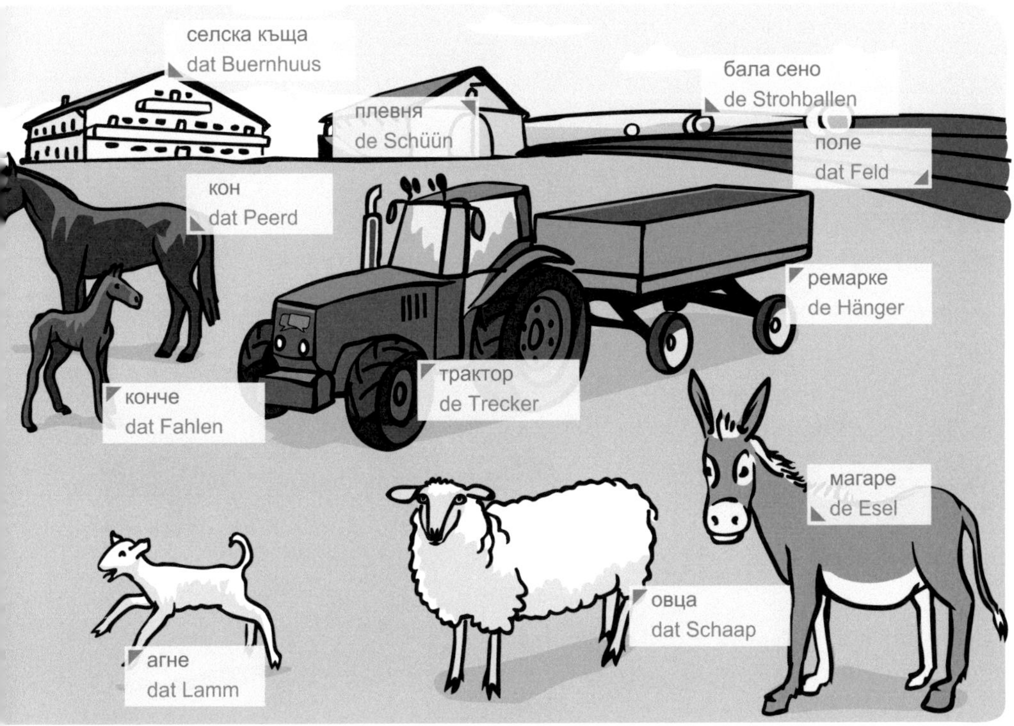
селска къща
dat Buernhuus
плевня
de Schüün
бала сено
de Strohballen
поле
dat Feld
кон
dat Peerd
ремарке
de Hänger
конче
dat Fahlen
трактор
de Trecker
магаре
de Esel
овца
dat Schaap
агне
dat Lamm

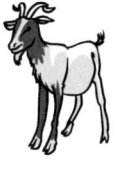

коза

de Zeeg

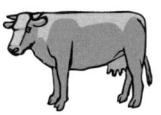

крава

de Koh

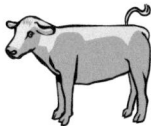

теле

dat Kalf

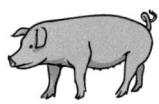

свиня

dat Swien

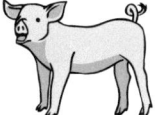

прасенце

dat Farken

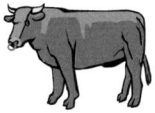

бик

de Bull

гъска

de Goos

патица

de Aant

пиленце

dat Küken

кокошка

dat Hohn

петел

de Hahn

плъх

de Rott

котка

de Katt

мишка

de Muus

вол

de Oss

куче

de Hund

кучешка колиба

de Hunnenhütt

градински маркуч

de Goornslauch

лейка

de Geetkann

коса

de Lee

плуг

de Ploog

сърп

de Sich

мотика

de Hack

вила за тор

de Mestfork

брадва

de Ext

ръчна количка

de Schuufkoor

корито

de Trog

съд за мляко

de Melkkann

чувал

de Sack

ограда

de Tuun

обор

de Stall

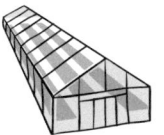

парник

dat Drievhuus

земя

de Bodden

сеитба

de Saat

тор

de Dünger

комбайн

de Meihdöscher

жъна
oornen

реколта
de Oorn

ямс
de Yamswöttel

жито
de Weten

соя
dat Soja

картоф
de Kantüffel

царевица
de Törksche Weten

рапица
de Rapp

овощно дърво
de Aaftboom

маниока
de Troopsch Kantüffel

зърнени храни
dat Koorn

# къща
# dat Huus

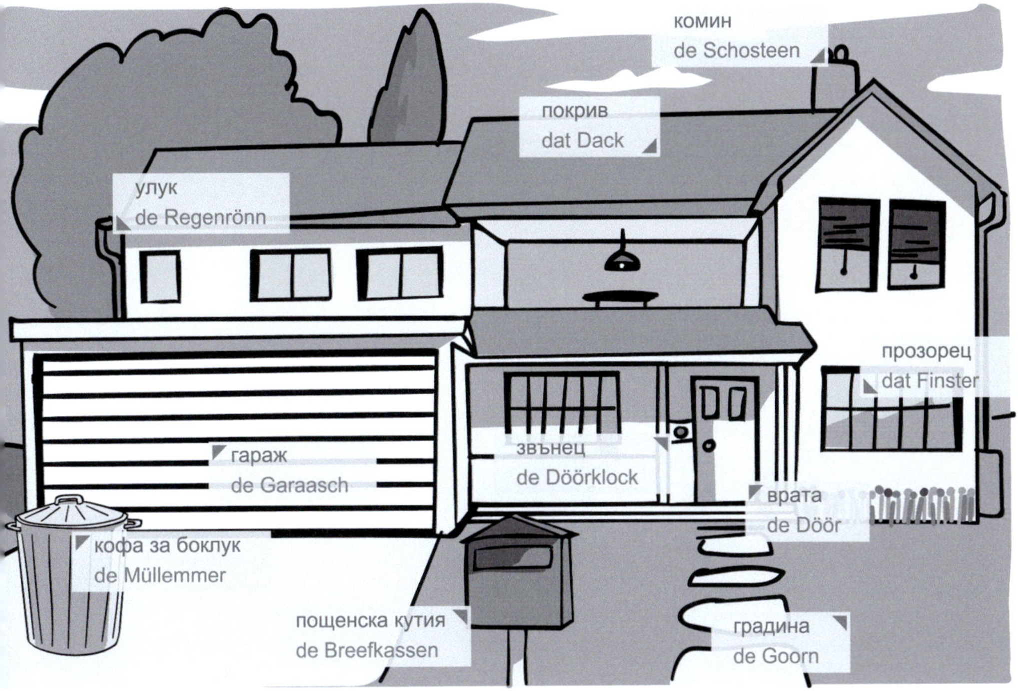

комин
de Schosteen
покрив
dat Dack
улук
de Regenrönn
прозорец
dat Finster
гараж
de Garaasch
звънец
de Döörklock
врата
de Döör
кофа за боклук
de Müllemmer
пощенска кутия
de Breefkassen
градина
de Goorn


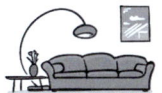

всекидневна
de Wahnstuuv

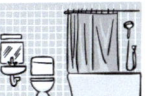

баня
de Baadstuuv

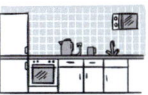

кухня
de Köök

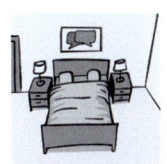

спалня
de Slaapstuuv

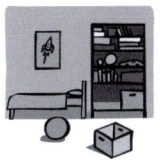

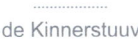

детска стая
de Kinnerstuuv

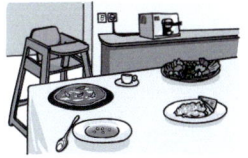

трапезария
de Eetstuuv

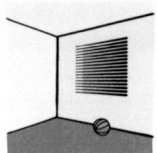

под
de Footbodden

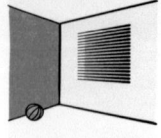

стена
de Wand

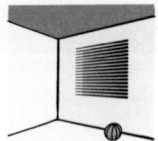

таван
de Deek

изба
de Keller

сауна
dat Hittluftbad

балкон
de Balkon

тераса
de Terrass

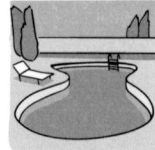

плувен басейн
dat Swümmbad

косачка
de Rasenmeiher

спално бельо
de Bettbetog

покривка за легло
de Bettdeek

легло
de Puuch

метла
de Bessen

кофа
de Emmer

електрически ключ
de Schalter

# всекидневна
# de Wahnstuuv

тапет
de Tapeet
картина
dat Bild
лампа
de Lamp
рафт
dat Regal
шкаф
dat Schapp
телевизор
de Kiekkassen
камина
de Kamin
цвете
de Bloom
възглавница
dat Küssen
канапе
dat Sofa
ваза
de Vaas
дистанционно управление
de Feernbedenen

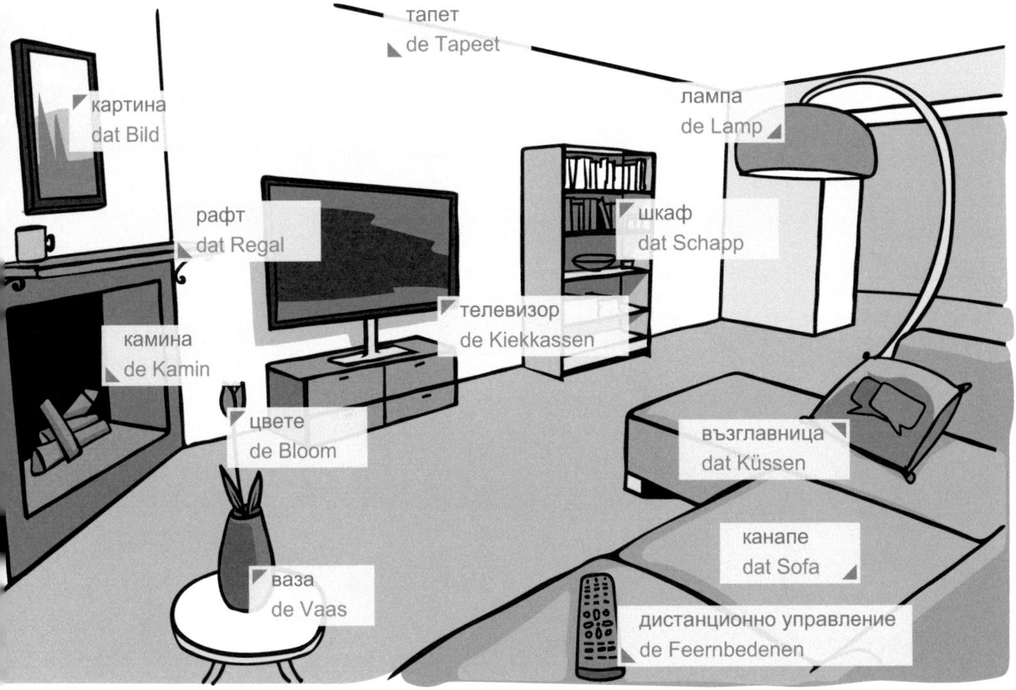

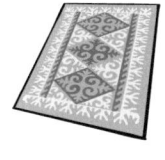

килим

de Teppich

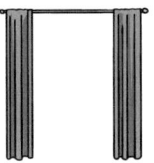

завеса

de Vörhang

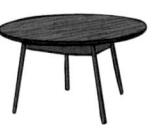

маса

de Disch

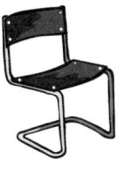

стол

de Stohl

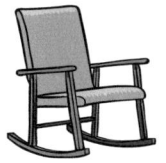

люлеещ се стол

de Schuckelstohl

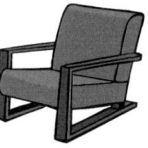

кресло

de Sessel

книга
dat Book

одеяло
de Deek

декорация
de Dekoratschoon

дърва за отопление
dat Füerholt

филм
de Film

стерео уредба
de Stereoanlaag

ключ
de Slötel

вестник
dat Narichtenblatt

живопис
dat Gemälde

постер
dat Poster

радио
dat Radio

бележник
de Opschrievblock

прахосмукачка
de Huulbessen

кактус
de Kaktus

свещ
de Kars

# кухня
# de Köök

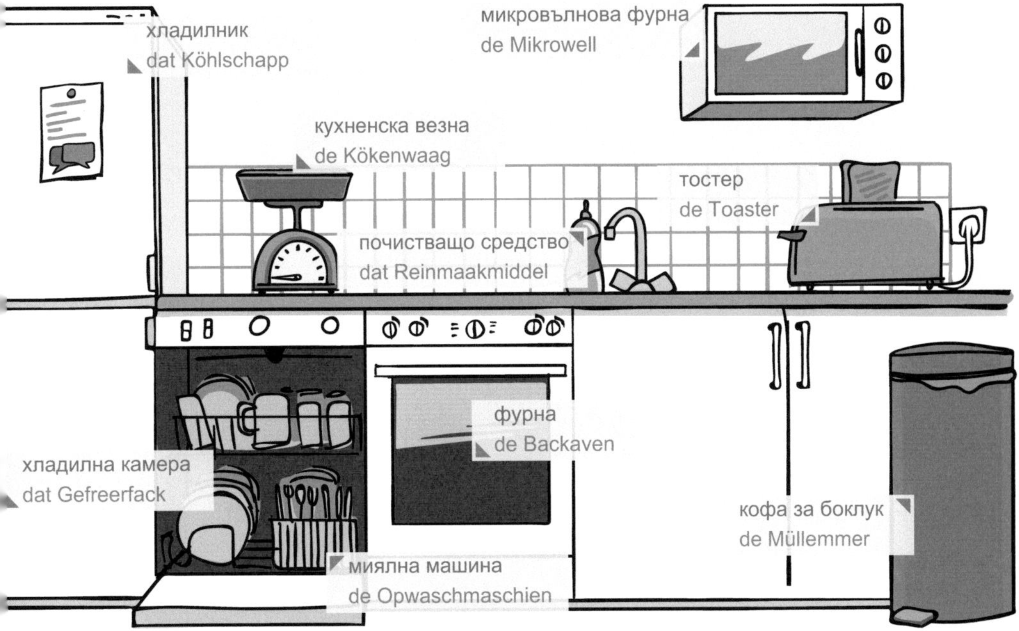

хладилник
dat Köhlschapp
микровълнова фурна
de Mikrowell
кухненска везна
de Kökenwaag
тостер
de Toaster
почистващо средство
dat Reinmaakmiddel
фурна
de Backaven
хладилна камера
dat Gefreerfack
кофа за боклук
de Müllemmer
миялна машина
de Opwaschmaschien


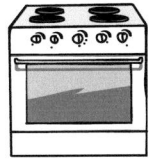

готварска печка

de Heerd

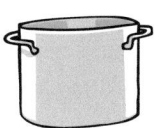

тенджера

de Pott

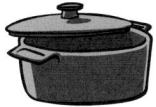

желязна тенджера

de Gussiesern Putt

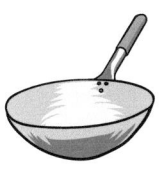

уок / кадаи

de Wok / Kadai

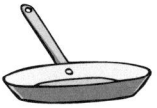

тиган

de Pann

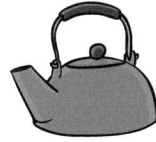

кана за затопляне на вода

de Waterkaker

уред за готвене на пара

de Dampkaakputt

тава за печене

dat Backblick

съдове

dat Geschirr

чаша

de Beker

купа

de Schaal

клечки за хранене

de Eetsticken

черпак

de Suppenkell

лопатка за тиган

de Pannenwenner

тел за разбиване (на яйца, белтъци)

de Sneebessen

кошница за варене

dat Kaakseef

гевгир

dat Seef

ренде

de Riev

хаван

de Mörser

барбекю

de Grill

огнище

de Füerstell

дъска

dat Sniedbrett

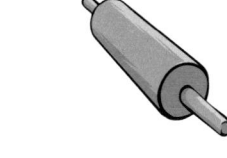

точилка

dat Nudelholt

тирбушон

de Proppentrecker

кутия

de Doos

отварачка за консерви

de Dosenaapner

кухненска ръкохватка

de Pottlappen

мивка

dat Waschbecken

четка

de Böst

гъба

de Swamm

миксер

de Mixer

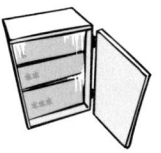

фризер

dat Iesschapp

бебешко шише

de Nuckelbuddel

воден кран

de Waterhahn

# баня

# de Baadstuuv

душ
de Bruus
отопление
de Heizung
хавлиена кърпа
dat Handdook
завеса за баня
de Bruusvörhang
шампоан за вана
dat Schuumbad
вана
de Baadwann
стъклена чаша
dat Glas
перална машина
de Waschmaschien
воден кран
de Waterhahn
плочки
de Fliesen
гърне
de lütte Putt
мивка
dat Waschbecken

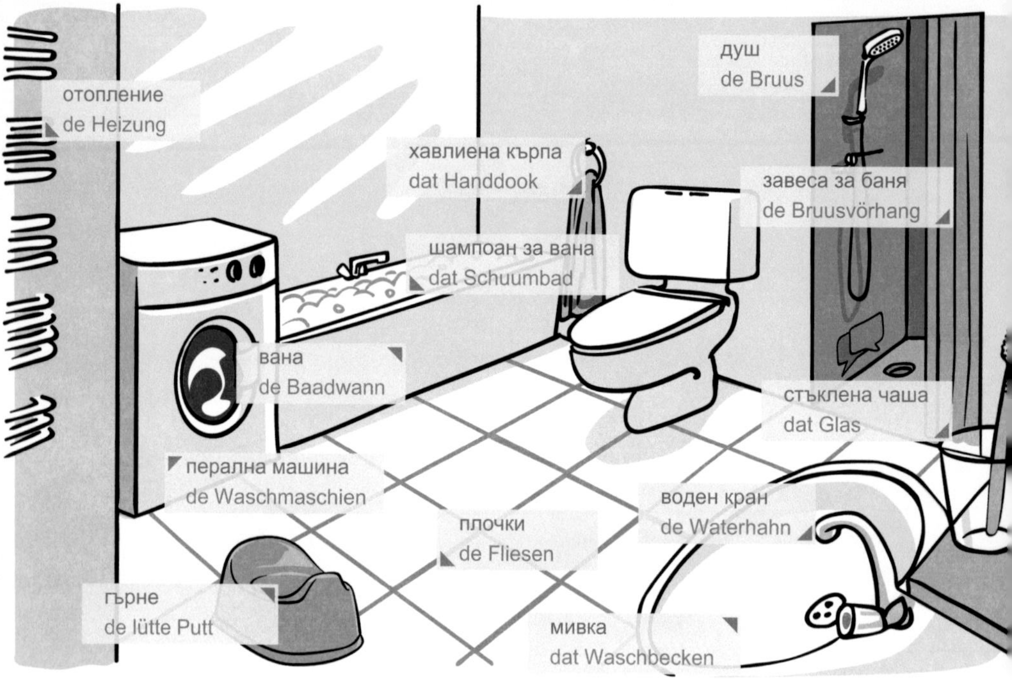

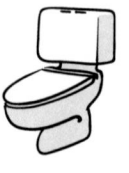

тоалетна

de Tante Meier

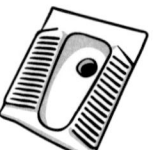

клекало

de Hockklo

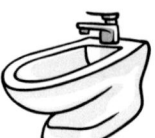

биде

dat Bidet

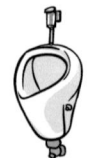

писоар

dat Miegbecken

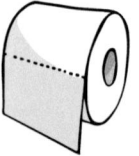

тоалетна хартия

dat Klopapeer

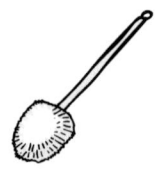

четка за тоалетна

de Kloböst

четка за зъби

de Tähnböst

паста за зъби

de Tähnpast

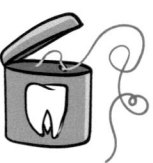

конец за зъби

de Tähnsied

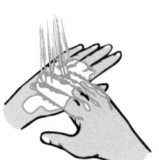

мия

waschen

ръчен душ

de Handbruus

интимен душ

de Intimbruus

леген

de Waschschöttel

четка за гръб

de Rüchböst

сапун

de Seep

душ гел

dat Bruusgeel

шампоан за вана

dat Hoorwaschmiddel

гъба за баня

de Waschlappen

сифон

de Afloop

крем

de Creme

дезодорант

dat Deodorant

огледало

de Spegel

козметично огледало

de Kosmetikspegel

ръчна самобръсначка

de Raserer

пяна за бръснене

de Raseerschuum

одеколон за след
бръснене
dat Raseerwater

гребен

de Kamm

четка

de Böst

сешоар

de Hoordröger

спрей за коса

dat Hoorspray

грим

de Smink

червило

de Lippensticken

лак за нокти

de Nagellack

памук

de Watt

ножица за нокти

de Nagelscheer

парфюм

dat Rüükwater

тоалетна чантичка

de Kulturbüdel

табуретка

de Schemel

везна

de Waag

хавлия

de Baadmantel

домакински ръкавици

de Gummihanschen

тампон

de Tampon

дамски превръзки

de Damenbinn

химическа тоалетна

dat Chemieklo

# детска стая
## de Kinnerstuuv

будилник
de Wecker
плюшена играчка
dat Knudeldeert
автомобил играчка
dat Speeltüüchauto
дрънкалка
de Klöter
къща за кукли
dat Poppenhuus
подарък
dat Geschenk


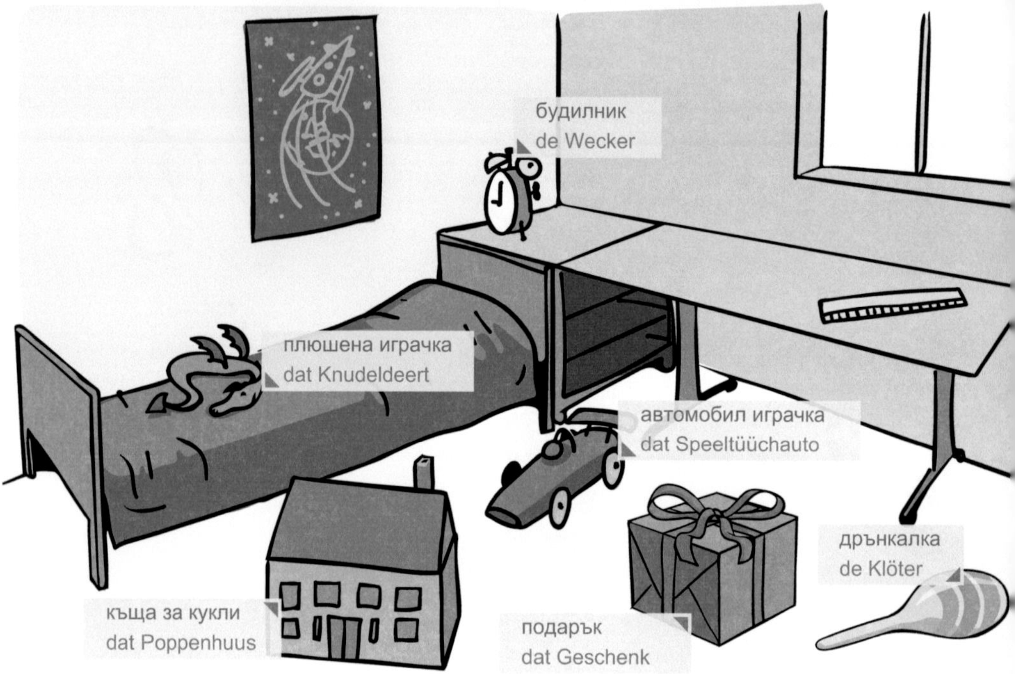

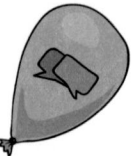

балон

de Luftballon

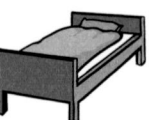

легло

de Puuch

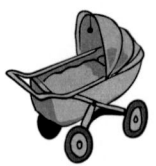

детска количка

de Kinnerwagen

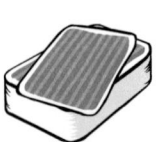

игра на карти

dat Koortenspeel

пъзел

dat Puzzle

SUPER MEGA


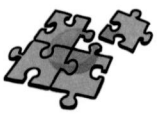

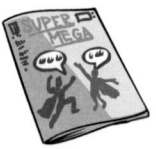

комикс

de Billergeschicht

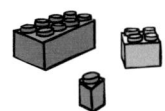

лего елементи

de Legostenen

строителни елементи

de Bustenen

екшън фигурка

de Action-Figur

бебешки гащеризон

de Strampelantog

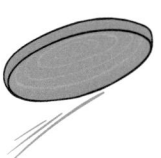

фрисби

de Frisbeeschiev

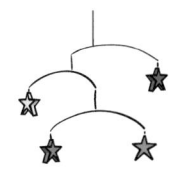

бебешки играчки за легло

dat Mobile

настолна игра

dat Brettspeel

зарче

de Wörpel

миниатюрно влакче

de Modelliesenbahn

биберон

de Snuller

парти

de Party

детска книга с илюстрации

dat Billerbook

топка

de Ball

кукла

de Popp

играя

spelen

пясъчник

de Sandkassen

люлка

de Schuckel

играчка

dat Speeltüüch

игрова конзола

de Speelkonsool

велосипед с три колелета

dat Dreerad

плюшено мече

de Teddyboor

гардероб

dat Klederschapp

## облекло
## dat Tüüch

къси чорапи

de Socken

дълги чорапи

de Strümp

чорапогащник

de Strumpbüx

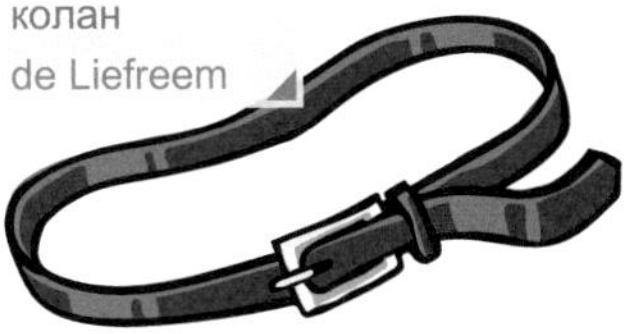

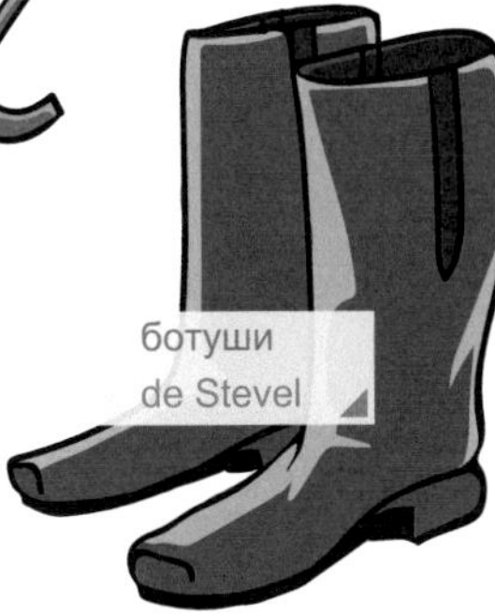

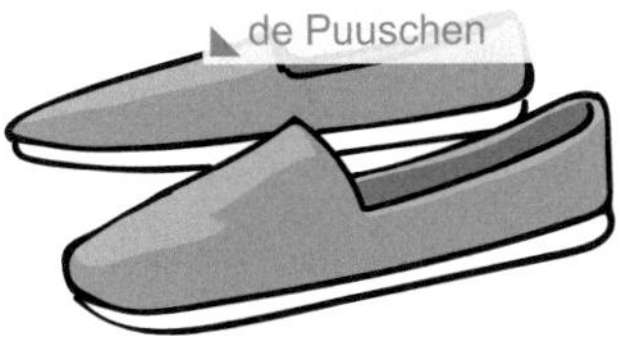

шал
dat Halsdook

чадър
de Paraplü

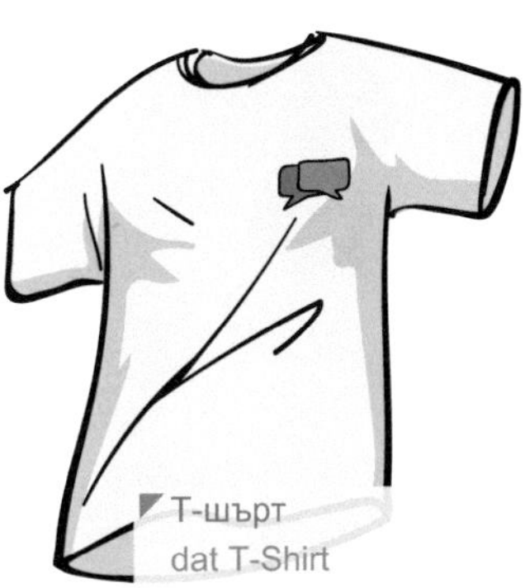

колан
de Liefreem

Т-шърт
dat T-Shirt

ботуши
de Stevel

пантофи
de Puuschen

гуменки
de Turnschoh

сандали
de Sandalen

обувки
de Schoh

гумени ботуши
de Gummistevel

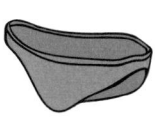

слип
de Ünnerbüx

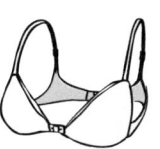

сутиен
de Bostholler

долна блуза
dat Ünnerhemd

боди

de Lief

панталон

de Büx

дънки

de Jeansnüx

пола

de Rock

блуза

de Bluus

риза

dat Hemd

пуловер

de Pullover

суичър

de Kapuzenpullover

блейзър

de Blazer

яке

de Jack

палто

de Mantel

дъждобран

de Övertrecker

костюм

dat Kostüm

рокля

dat Kleed

булчинска рокля

dat Hochtietskleed

костюм

de Antog

нощница

dat Nachtkleed

пижама

de Slaapantog

сари

de Sari

кърпа за глава

dat Koppdook

тюрбан

de Turban

бурка

de Burka

кафтан

de Kaftan

абая

de Abaya

бански костюм

de Baadantog

плувни шорти

de Baadbüx

къс панталон

de Korte Büx

анцуг

de Antog to'n Öven

престилка

de Schört

ръкавици

de Handschoh

копче

de Knopp

очила

de Brill

гривна

dat Armband

верижка

de Halskeed

пръстен

de Ring

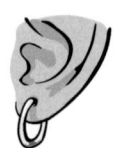

обеца

de Ohrbummel

каскет

de Mütz

закачалка

de Klederbögel

шапка

de Hoot

вратовръзка

de Binner

цип

de Rietslüter

каска

de Helm

тиранти

dat Drachtband

ученическа униформа

de Schooluniform

униформа

de Uniform

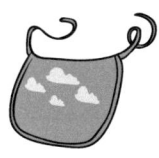

лигавник

de Severböten

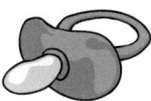

биберон

de Snuller

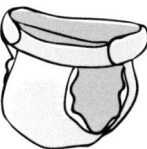

пелена

de Winnel

# офис
# dat Büro

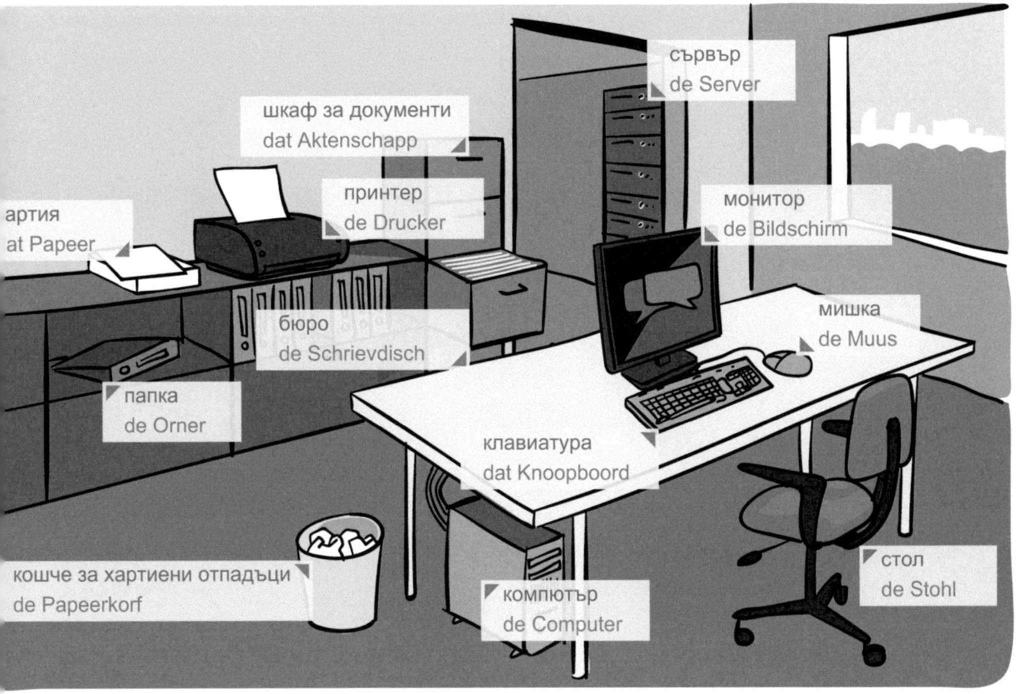

сървър
de Server
шкаф за документи
dat Aktenschapp
принтер
de Drucker
артия
at Papeer
монитор
de Bildschirm
мишка
de Muus
бюро
de Schrievdisch
папка
de Orner
клавиатура
dat Knoopboord
кошче за хартиени отпадъци
de Papeerkorf
компютър
de Computer
стол
de Stohl


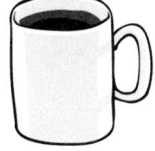

чаша за кафе

de Koffiebeker

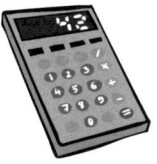

джобен калкулатор

de Taschenreekner

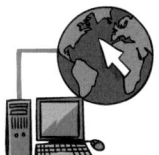

интернет

dat Internet

лаптоп

de Klappreekner

писмо

de Breef

съобщение

de Naricht

мобилен телефон

de Ackersnacker

мрежа

dat Nettwark

ксерокс

de Kopeerapparat

софтуер

de Software

телефон

de Klöönkassen

контакт

de Steekdoos

факс

de Faxapparat

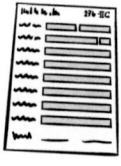

формуляр

dat Formulor

документ

dat Dokument

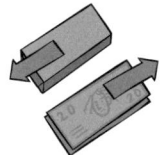

купувам

köpen

плащам

betahlen

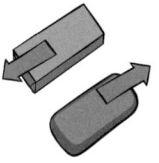

търгувам

hanneln

пари

dat Geld

долар

de Dollar

евро

de Euro

йена

de Yen

рубла

de Ruvel

швейцарски франк

de Swiezer Franken

ренминби юан

de Renminbi Yuan

рупия

de Rupie

банкомат

de Geldautomat

обменно бюро

de Wesselstuuv

злато

dat Gold

сребро

dat Sülver

нефт

dat Ööl

енергия

de Energie

цена

de Pries

договор

de Verdrag

данък

de Stüer

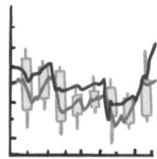

акция

de Andeelschien

работя

arbeiden

служител

de Anstellte

работодател

de Arbeitgever

фабрика

de Fabrik

магазин за цветя

de Hökerie

# професии

# de Profeschonen

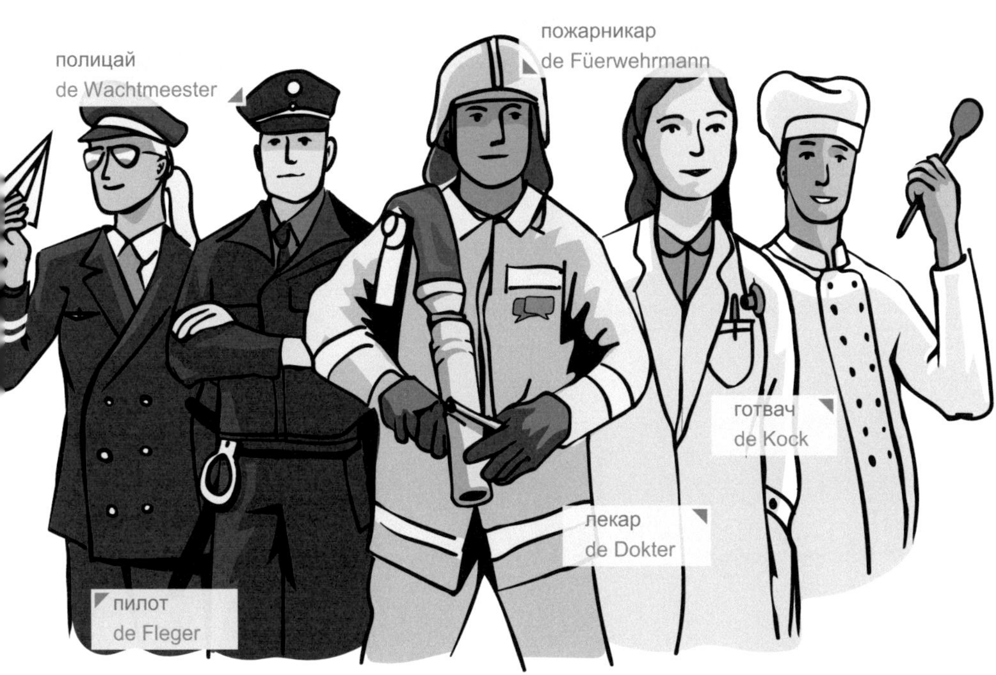

полицай
de Wachtmeester
пожарникар
de Füerwehrmann
готвач
de Kock
лекар
de Dokter
пилот
de Fleger


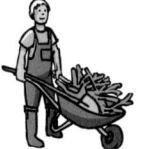

градинар

de Goorner

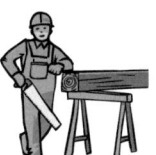

мебелист

de Discher

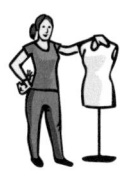

шивачка

de Neihersche

съдия

de Richter

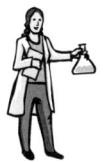

химик

de Chemiker

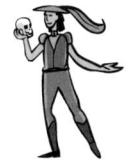

артист

de Schauspeler

шофьор на автобус

de Busfohrer

шофьор на такси

de Taxifohrer

рибар

de Fischer

чистачка

de Reinmaakfru

майстор на покриви

de Dackdecker

келнер

de Kellner

ловец

de Jäger

художник

de Maler

хлебар

de Bäcker

електротехник

de Elektriker

строителен работник

de Buarbeider

инженер

de Ingenieur

касапин

de Slachter

тенекеджия

de Klempner

пощальон

de Postbüdel

войник

de Suldat

архитект

de Architekt

касиер

de Kasserer

цветар

de Florist

фризьор

de Putzbüdel

кондуктор

de Schaffner

механик

de Mechaniker

капитан

de Kaptein

зъболекар

de Tähndokter

научен работник

de Wetenschopler

равин

de Rabbi

имàм

de Imam

монах

de Mönk

свещеник

de Paap

# инструменти

# dat Warktüüch

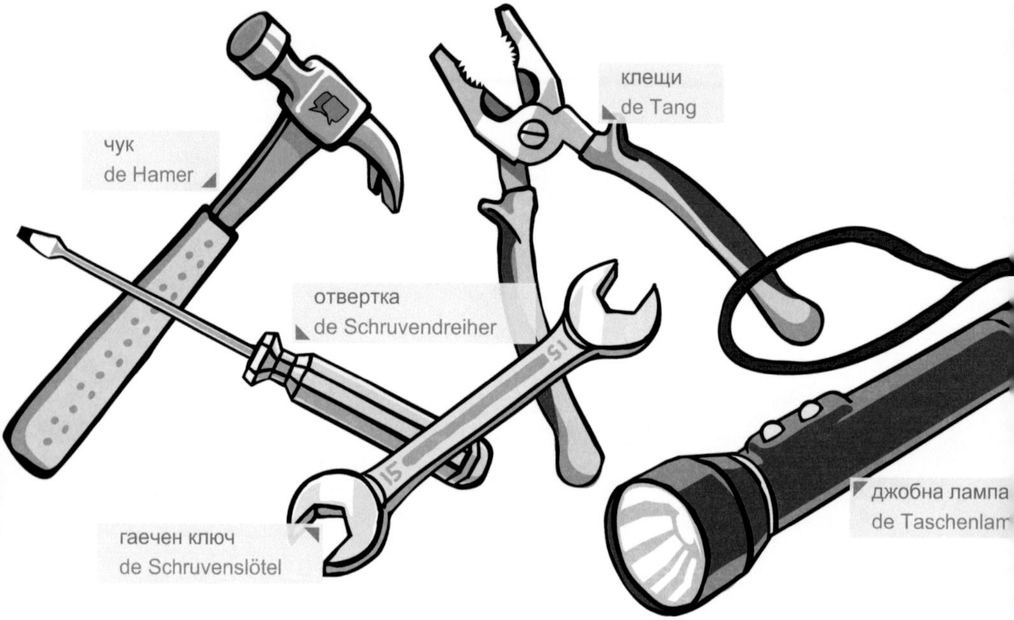

чук
de Hamer
клещи
de Tang
отвертка
de Schruvendreiher
гаечен ключ
de Schruvenslötel
джобна лампа
de Taschenlam


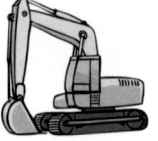

багер

de Grieper

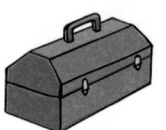

кутия за инструменти

de Warktüüchkassen

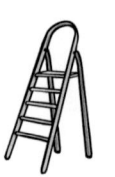

стълба

de Ledder

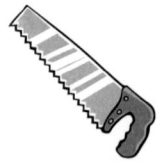

трион

de Saag

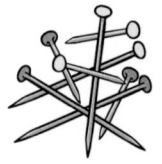

пирони

de Nagels

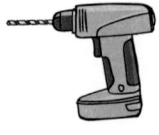

бормашина

de Bohrer

ремонтирам

heelmaken

лопата

de Schüffel

По дяволите!

Schiet!

лопатка за смет

dat Kehrblick

кутия за боя

de Farvpott

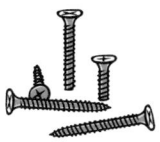

болтове

de Schruven

## музикални инструменти
## de Musikinstrumenten

ударни инструменти
dat Slagtüüch

високоговорител
de Luutsnacker

контрабас
de Bass-Vigelien

тромпет
de Trumpeet

китара
de Rietfiedel

пиано

dat Klaveer

виолина

de Vigelien

контрабас

de Bass

тимпан

de Pauk

барабан

de Trummeln

електрическо пиано

dat Keyboard

саксофон

dat Saxophon

флейта

de Fleut

микрофон

dat Mikrofoon

# зоологическа градина

## de Deertenpark

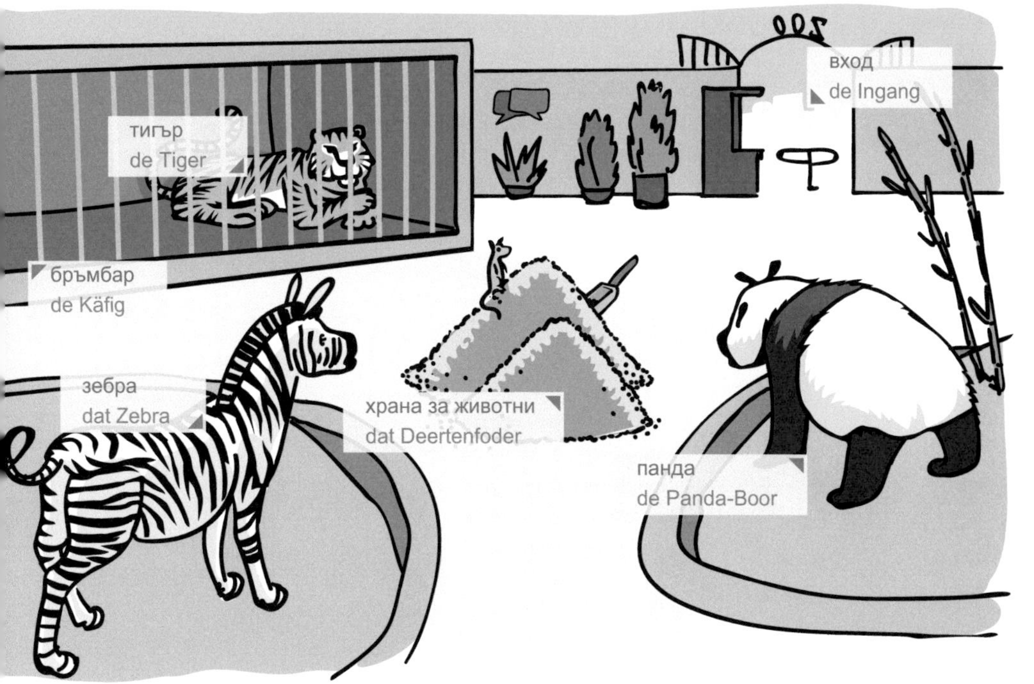
тигър
de Tiger
вход
de Ingang
бръмбар
de Käfig
зебра
dat Zebra
храна за животни
dat Deertenfoder
панда
de Panda-Boor

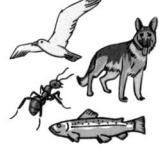

животни

de Deerten

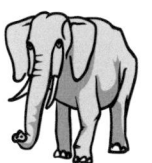

слон

de Elefant

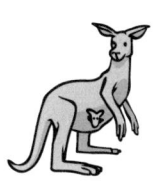

кенгуру

dat Känguru

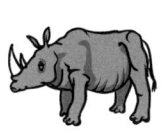

носорог

dat Neeshoorn

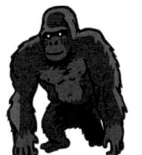

горила

de Gorilla

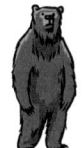

мечка

de Boor

камила

dat Kameel

щраус

de Struuß

лъв

de Lööv

маймуна

de Aap

фламинго

de Flamingo

папагал

de Papagoi

бяла мечка

de Iesboor

пингвин

de Pinguin

акула

de Haifisch

паун

de Pageluun

змия

de Slang

крокодил

dat Krokodil

пазач в зоологическа
градина

de Oppasser in'n
Deertenpark

тюлен

de Saalhund

ягуар

de Jaguor

пони
dat Pony

леопард
de Leopard

хипопотам
dat Nilpeerd

жираф
de Giraff

орел
de Aadler

диво прасе
dat Wildswien

риба
de Fisch

костенурка
de Schildkrööt

морж
dat Walross

лисица
de Voss

газела
de Gazell

американски футбол
de Amerikaansch Football

колоездене
dat Radfohren

тенис
dat Tennis

баскетбол
de Korfball

плуване
dat Swümmen

бокс
dat Boxen

хокей на лед
dat Ieshockey

футбол
de Football

бадминтон
dat Fedderball

лека атлетика
de Leichtathletik

хандбал
de Handball

ски бягане
dat Skilopen

поло
dat Polo

смея се
lachen

скачам
springen

прегръщам
ümarmen

вървя
gahn

пея
singen

сънувам
drömen

моля се
beden

целувам
snuteln

пиша
schrieven

рисувам
teken

показвам
wiesen

бутам
drücken

давам
geven

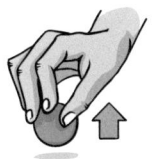

взимам
nehmen

имам

hebben

правя

doon

съм

sien

стоя

stahn

тичам

lopen

дърпам

trecken

хвърлям

smieten

падам

fallen

лежа

liggen

чакам

töven

нося

dregen

седя

sitten

обличам

antrecken

спя

slapen

събуждам се

opwaken

разглеждам

ankieken

плача

wenen

милвам

eien

реша се

kämmen

говоря

snacken

разбирам

verstahn

питам

fragen

слушам

hören

пия

drinken

ям

eten

разтребвам

oprümen

обичам

leefhebben

готвя

kaken

карам автомобил

fohren

летя

flegen

плавам (с платна)

segeln

смятане

reken

чета

lesen

уча

lehren

работя

arbeiden

женя се

de Plünnen tohoopsmieten

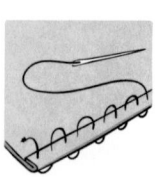

шия

neihen

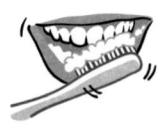

измивам си зъбите

Tähnen putzen

убивам

dootmaken

пуша

smöken

изпращам

schicken

# семейство
# de Familje

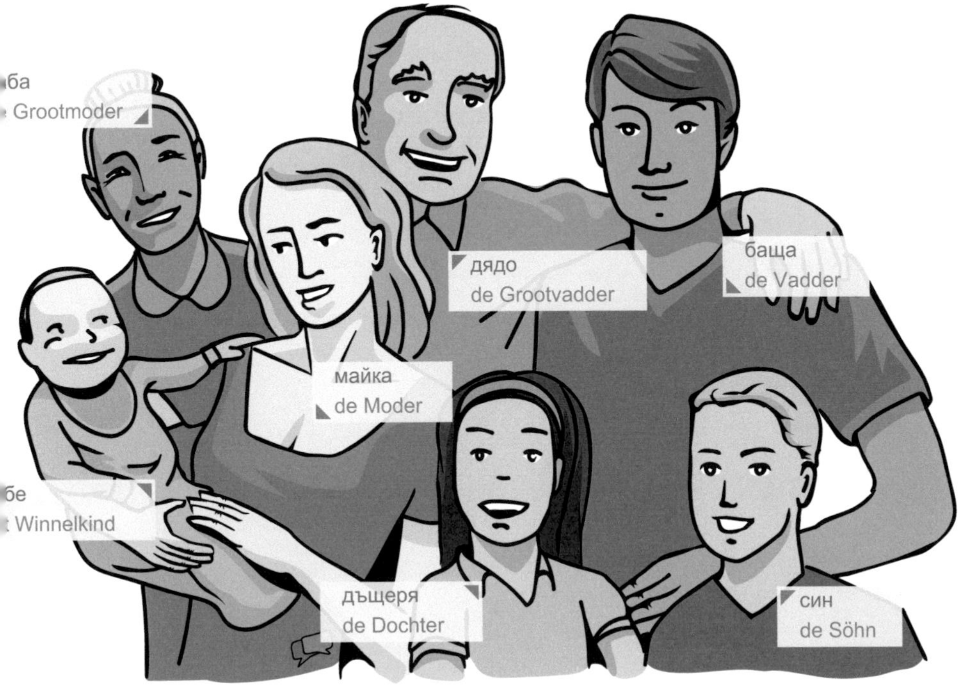

ба
Grootmoder
дядо
de Grootvadder
баща
de Vadder
майка
de Moder
бе
Winnelkind
дъщеря
de Dochter
син
de Söhn


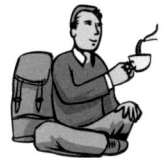

посетител

de Gast

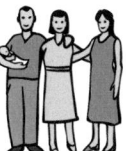

леля

de Tant

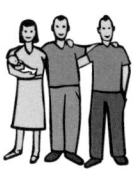

чичо

de Unkel

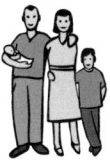

брат

de Broder

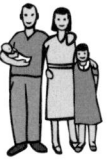

сестра

de Süster

# ТЯЛО
## de Lief

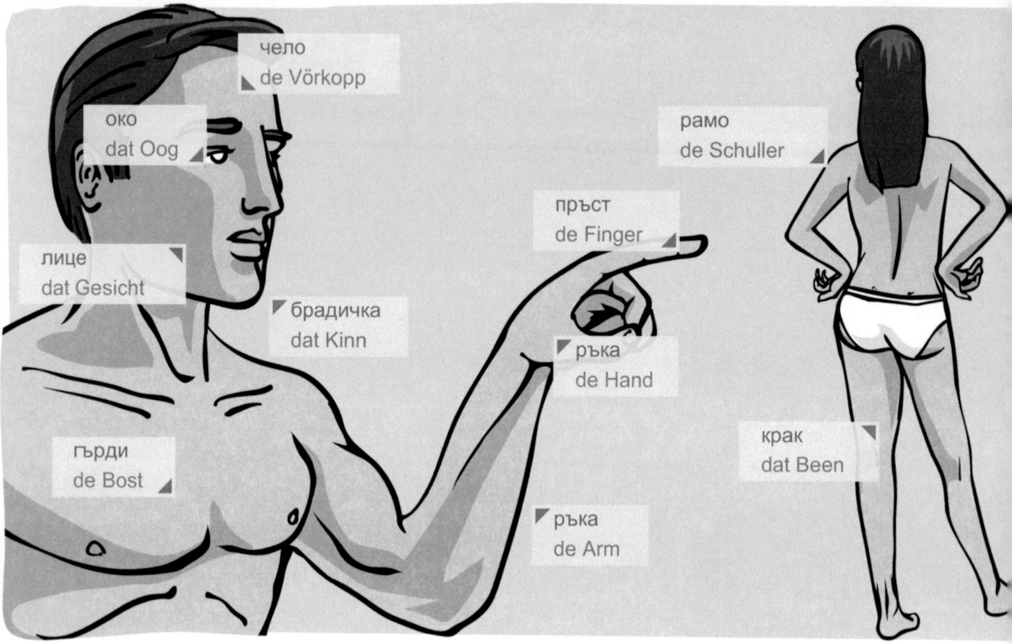

чело
▶ de Vörkopp

око
dat Oog

рамо
de Schuller

лице
dat Gesicht

пръст
de Finger

брадичка
dat Kinn

ръка
de Hand

крак
dat Been

гърди
de Bost

ръка
de Arm

бебе

dat Winnelkind

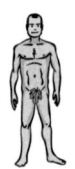

мъж

de Mann

жена

de Fro

момиче

de Deern

момче

de Jung

глава

de Arm

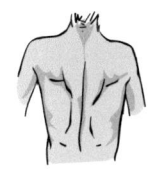

гръб

de Rüch

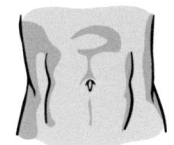

корем

de Buuk

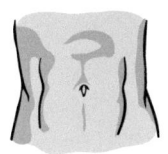

пъп

de Navel

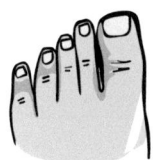

пръст на крака

de Teh

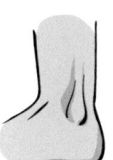

пета

de Hack

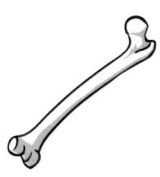

кост

de Knaken

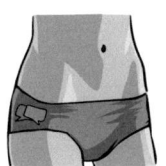

хълбок

de Hüft

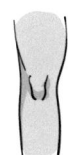

коляно

dat Knee

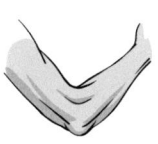

лакът

de Ellbagen

нос

de Nees

седалище

de Achtersen

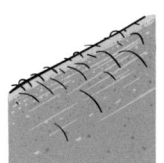

кожа

de Huut

буза

de Back

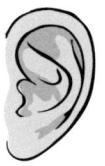

ухо

dat Ohr

устна

de Lipp

тяло  -  de Lief

уста

de Mund

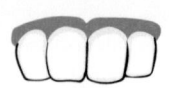

зъб

de Tähn

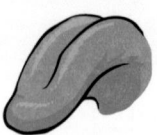

език

de Tung

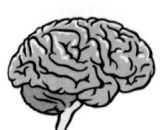

мозък

de Bregen

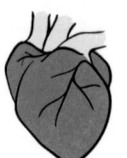

сърце

dat Hart

мускул

de Muskel

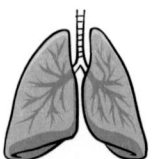

бял дроб

de Lung

черен дроб

de Lever

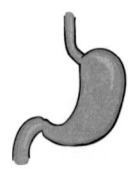

стомах

de Maag

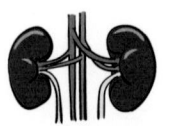

бъбреци

de Neren

полово сношение

de Bislaap

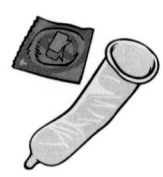

кондом

dat Kondoom

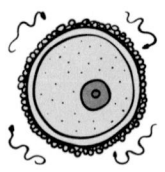

яйцеклетка

de Eizell

сперма

dat Sperma

бременност

de Anner Ümstänn

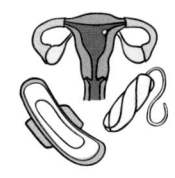

менструация

de Menstruatschoon

вагина

de Scheed

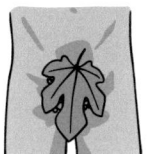

пенис

de Pint

вежда

de Ogenbroe

коса

dat Hoor

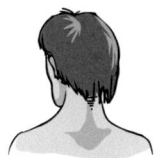

шия

de Hals

# болница
# dat Krankenhuus

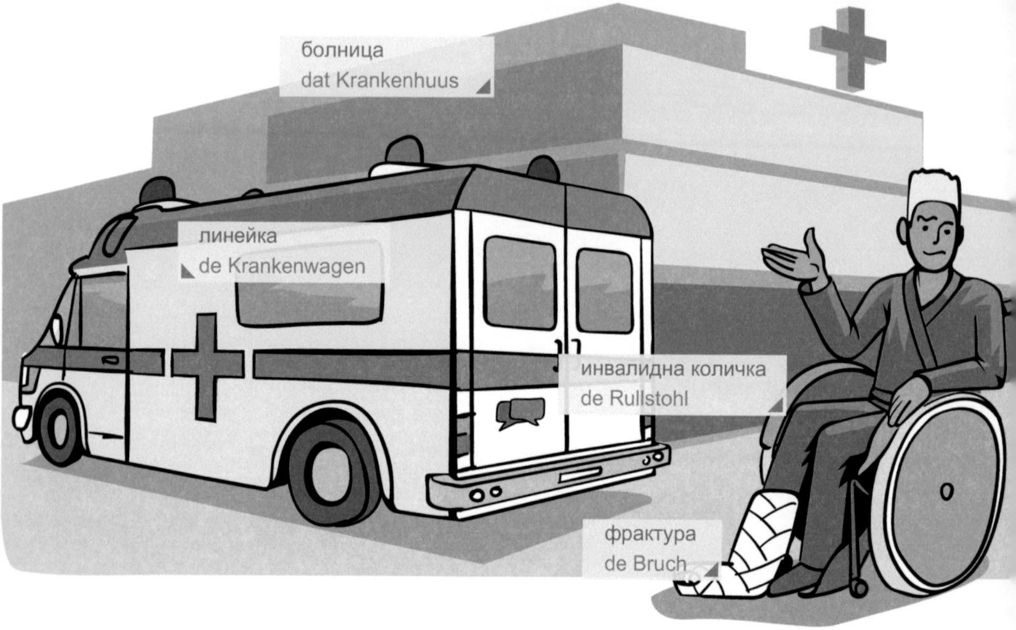

болница
dat Krankenhuus
линейка
de Krankenwagen
инвалидна количка
de Rullstohl
фрактура
de Bruch

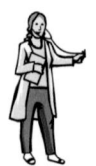

лекар

de Dokter

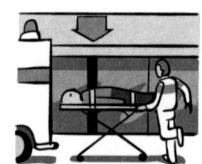

спешна хоспитализация

de Nootopnahm

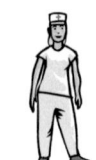

медицинска сестра

de Krankensüster

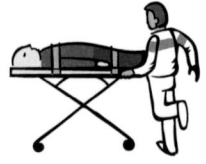

спешен случай

de Nootfall

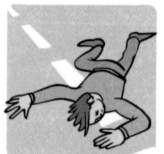

в безсъзнание

ahnmächtig

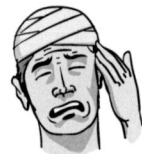

болка

de Wehdaag

нараняване

de Verwunnen

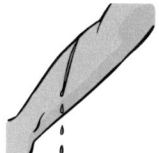

кървене

de Blöden

инфаркт

de Hartinfarkt

инсулт

de Slaganfall

алергия

de Allergie

кашлица

de Hoosten

температура

dat Fever

грип

de Gripp

диария

de Dörchfall

главоболие

de Koppwehdaag

рак

de Kreeft

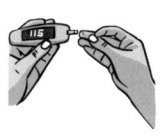

диабет

de Zuckersüük

хирург

de Chirurg

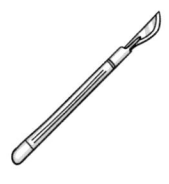

скалпел

dat Chirurgsch Mess

операция

de Operatschoon

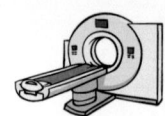

компютърна томография

dat CT

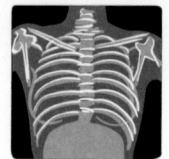

рентген

de Dörchlüchten

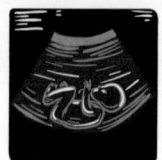

ултразвук

de Ultraschall

маска

de Mask

болест

de Krankheit

чакалня

de Töövruum

патерица

de Krück

пластир

dat Plaaster

превръзка

de Verband

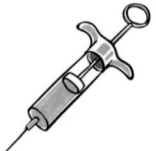

инжекция

de Insprütten

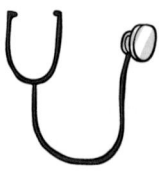

стетоскоп

dat Stethoskop

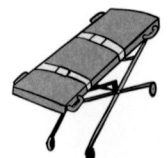

носилка

de Draag

термометър

dat Feverthermometer

раждане

de Geboort

наднормено тегло

dat Övergewicht

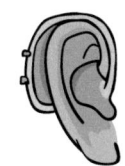

слухов апарат

de Hörapparat

дезинфекционно средство

dat Kiemfriemiddel

инфекция

de Ansteken

вирус

de Virus

HIV / AIDS

dat HIV / AIDS

медицина

dat Heelmiddel

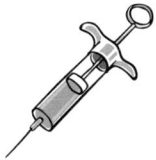

ваксинация

de Impen

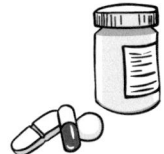

таблети

de Tabletten

противозачатъчна
таблетка
de Pill

спешно телефонно
обаждане
de Nootroop

апарат за измерване на
кръвното налягане

de Blootdruck-Meter

болен / здрав

krank / gesund

Помощ!

Hölp!

сигнал за тревога

de Alarm

нападение

de Överfall

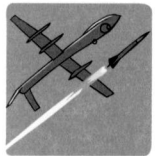

атака

de Angreep

опасност

de Gefohr

аварpиен изход

de Nootutgang

Пожар!

dat Füer!

пожарогасител

de Füerlöscher

злополука

de Unfall

комплект за оказване на
първа помощ

de Noothölpkoffer

SOS

SOS

полиция

de Polizei

Европа

Europa

Северна Америка

Noordamerika

Южна Америка

Süüdamerika

Африка

Afrika

Азия

Asien

Австралия

Australien

Атлантически океан

de Atlantik

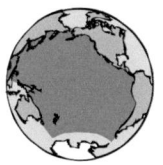

Тихи океан

de Pazifik

Индийски океан

dat Indisch Weltmeer

Южен ледовит океан

dat Antarktisch Weltmeer

Северен ледовит океан

dat Arktisch Weltmeer

Северен полюс

de Noordpol

Южен полюс
................
de Süüdpol

Антарктида
................
de Antarktis

Земя
................
de Eerd

суша
................
dat Land

море
................
de See

остров
................
dat Eiland

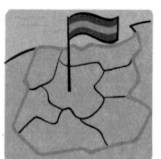

нация
................
de Natschoon

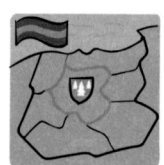

държава
................
de Staat

циферблат

dat Tallenblatt

стрелка на часовете

de Stunnenwieser

стрелка на минутите

de Minutenwieser

стрелка на секундите

de Sekunnenwieser

Колко е часът?

Wo laat is dat?

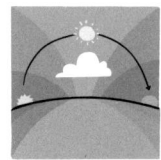

ден

de Dag

време

de Tiet

сега

nu

дигитален часовник

de digetaalsch Klock

минута

de Minuut

час

de Stunn

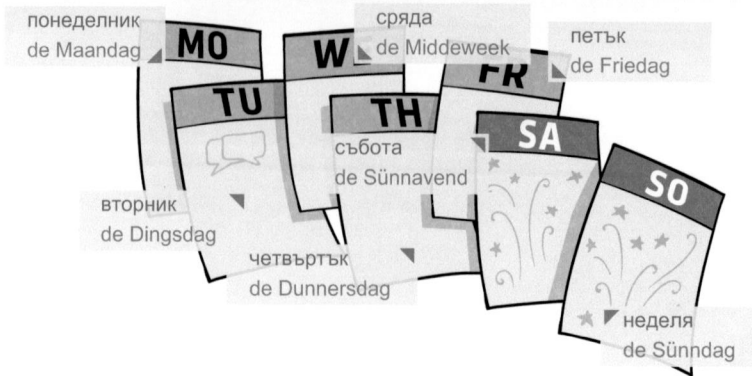

понеделник
de Maandag

сряда
de Middeweek

петък
de Friedag

събота
de Sünnavend

вторник
de Dingsdag

четвъртък
de Dunnersdag

неделя
de Sünndag

вчера

güstern

днес

hüüt

утре

morgen

сутрин

de Morgen

обед

de Meddag

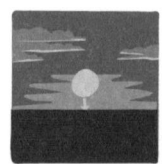

вечер

de Avend

работни дни

de Arbeitsdaag

уикенд

dat Wekenenn

дъжд
de Regen

дъга
de Regenbagen

сняг
de Snee

вятър
de Wind

пролет
dat Fröhjohr

есен
de Harvst

лято
de Sommer

зима
de Winter

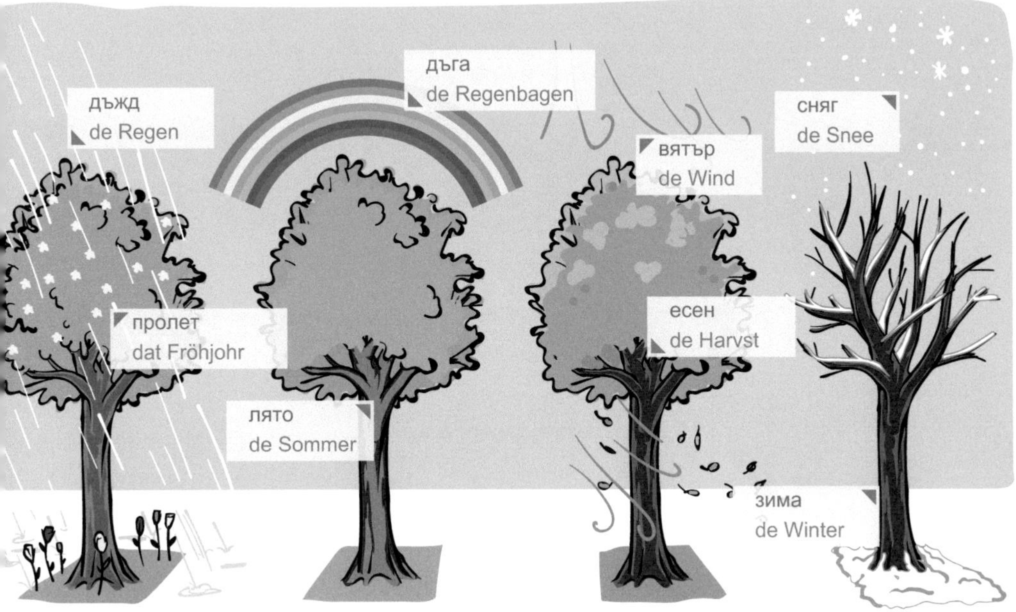

прогноза за времето

de Wedervörhersaag

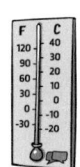

термометър

dat Thermometer

слънчева светлина

de Sünnenschien

облак

de Wulk

мъгла

de Nevel

влажност на въздуха

de Luftfuchtigkeit

светкавица

de Blitz

гръмотевица

de Dunner

буря

de Storm

градушка

de Hagel

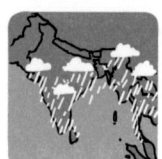

мусон

de Monsun

наводнение

de Floot

лед

dat Ies

януари

de Januormaand

февруари

de Februormaand

март

de Martmaand

април

de Aprilmaand

май

de Maimaand

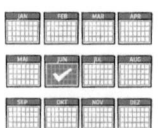

юни

de Junimaand

юли

de Julimaand

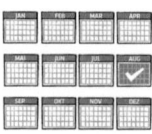

август

de Augustmaand

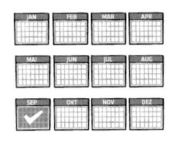

септември

de Septembermaand

октомври

de Oktobermaand

ноември

de Novembermaand

декември

de Dezembermaand

## форми
## de Formen

кръг

de Krink

квадрат

dat Quadrat

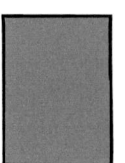

четириъгълник

dat Rechteck

триъгълник

dat Dreeeck

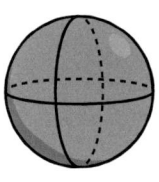

сфера

de Kugel

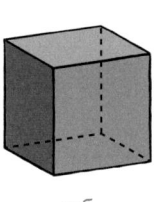

куб

de Wörpel

бял

witt

жълт

geel

оранжев

orangsch

розов

pink

червен

root

лилав

lila

син

blau

зелен

gröön

кафяв

bruun

сив

gries

черен

swart

# противоположности
## de Gegendelen

много / малко

veel / wenig

ядосан / спокоен

böös / verdreeglich

красив / грозен

smuck / mies

начало / край

de Begünn / dat Enn

голям / малък

groot / lütt

светъл / тъмен

hell / düüster

брат / сестра

de Broder / de Süster

чист / мръсен

schier / schietig

пълен / непълен

kumpleet / nich kumpleet

ден / нощ

de Dag / de Nacht

мъртъв / жив

doot / lebennig

широк / тесен

breet / small

ядлив / неядлив

geneetbor / nich geneetbor

сърдит / любезен

böös / fründlich

развълнуван / скучаещ

fickerig / langwielt

дебел / тънък

dick / dünn

най-напред / най-накрая

toeerst / toletzt

приятел / враг

de Fründ / de Fiend

пълен / празен

vull / leddig

твърд / мек

hart / week

тежък / лек

swoor / licht

глад / жажда

de Smacht / de Döst

болен / здрав

krank / gesund

нелегален / легален

nich na't Recht / na't Recht

интелигентен / глупав

klook / dummerhaftig

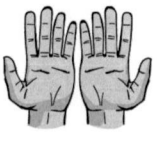

ляво / дясно

linkerhand / rechterhand

близо / далече

neeg / feern

нов / употребяван

nieg / bruukt

нищо / нещо

nix / wat

стар / млад

oolt / jung

вкл. / изкл.

an / ut

отворен / затворен

apen / slaten

тих / силен (звук)

lies / luut

богат / беден

riek / arm

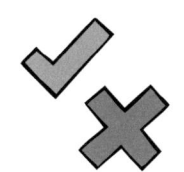

правилен / погрешен

richtig / verkehrt

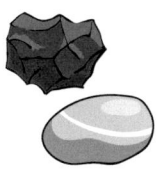

грапав / гладък

ruug / glatt

тъжен / щастлив

trurig / glücklich

дълъг / къс

kort / lang

бавен / бърз

suutje / flink

мокър / сух

natt / dröög

топъл / студен

warm / köhl

война / мир

de Krieg / de Freden

**0**

нула

null

**1**

едно

een

**2**

две

twee

**3**

три

dree

**4**

четири

veer

**5**

пет

fief

**6**

шест

söss

**7**

седем

söven

**8**

осем

acht

**9**

девет

negen

**10**

десет

teihn

**11**

единадесет

ölven

| | | |
|---|---|---|
| **12** | **13** | **14** |
| дванадесет | тринадесет | четиринадесет |
| twölf | dörteihn | veerteihn |
| **15** | **16** | **17** |
| петнадесет | шестнадесет | седемнадесет |
| föffteihn | sössteihn | söventeihn |
| **18** | **19** | **20** |
| осемнадесет | деветнадесет | двадесет |
| achtteihn | negenteihn | twintig |
| **100** | **1.000** | **1.000.000** |
| сто | хиляда | милион |
| hunnert | dusend | million |

английски

dat Engelsch

американски английски

dat Amerikaansch Engelsch

китайски мандарин

dat Chineesch Mandarin

хинди

dat Hindi

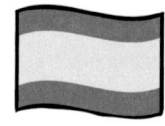

испански

dat Spaansch

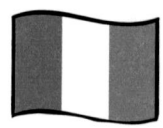

френски

dat Franzöösch

арабски

dat Araabsch

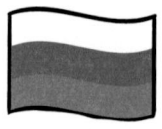

руски

dat Rusch

португалски

dat Portugiesch

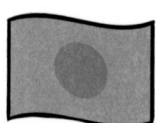

бенгалски

dat Bengaalsch

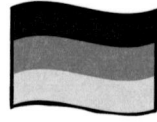

немски

dat Düütsch

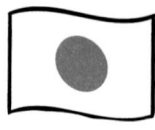

японски

dat Japaansch

аз

ik

ти

du

той / тя / то

he / se / dat

ние

wi

вие

ji

те

se

кой?

keen?

какво?

wat?

как?

woans?

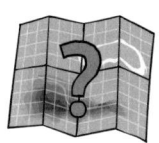

къде?

woneem?

кога?

wannehr?

име

de Naam

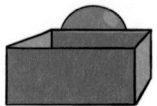

зад

achter

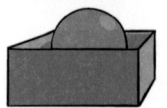

в

in

пред

vör

над

över

върху

op

под

ünner

до

blangen

между

twüschen

място

de Oort